Inhalt

Cafeteria-Systeme - zielgerichtete Individualisierung von Entgeltsystemen

Kernthesen

Beitrag

Fallbeispiele

Weiterführende Literatur

Impressum

Cafeteria-Systeme - zielgerichtete Individualisierung von Entgeltsystemen

I.Lukmann

Kernthesen

- Eines der Zielsetzungen von Unternhemen ist die Verbesserung der Mitarbeitereffizienz, da sich hierdurch auch der Unternehmenserfolg steigern lässt. (1)
- Um die Leistungsbereitschaft und damit die Effizienz von Mitarbeitern zu stärken, werden moderne Anreizsysteme umgesetzt: Vor allem die Individualisierung von Entgeltsystemen wird dabei vorangetrieben. Die so genannten Cafeteria-Systeme, ein

Auswahltool verschiedener Zusatz- und Sozialleistungen eines Unternehmens, können dabei von Nutzen sein. (3), (4)
- Innovative Vergütungssysteme wie zum Beispiel Cafeteria-Systeme bewirken, dass Unternehmen sich positiv von ihren Konkurrenzunternehmen abheben und dadurch die Bindung des Mitarbeiters an das Unternehmen nachhaltig erhöhen können. (13)

Beitrag

Das Engagement und die Leistung von Mitarbeitern ist ein wichtiger Faktor für den Erfolg eines Unternehmens. Mitarbeiter sind motiviert, wenn sie in einem angenehmen Arbeitsumfeld arbeiten können und im Rahmen ihrer Arbeit auch Zukunftsperspektiven erhalten. Hierfür kann das Thema Vergütung in Höhe und Art ein wichtiger Motivator sein. Die Zusammensetzung der Vergütung wirkt außerdem wie eine Art innerbetrieblicher Hygienefaktor. Das heisst, dass im Unternehmen je nach Position und Leistung des Mitarbeiters ein als gerecht empfundenes Gehalt bezahlt wird. (1)

Definition Anreizsysteme

Anreizsysteme sind neben Leistungsbeurteilungen und Zielvereinbarungen in der Regel Bestandteil so genannter Performance-Management-Systeme. Anreizsysteme werden aus materiellen und immateriellen Anreizen zusammengestellt. Ziel ist es, beim Mitarbeiter folgende Funktionen zu erfüllen:

-Aktivierungsfunktion: Die Motivation soll erhöht werden, um hierdurch die Leistungsbereitschaft zu steigern.
-Steuerungsfunktion: Einzelne positive sowie negative Sanktionsmöglichkeiten können den Grad der Anstrengung der Mitarbeiter auf die Unternehmensziele hin erhöhen.
-Informationsfunktion: Die einzelnen Bestandteile der Anreizsysteme vermitteln Mitarbeitern Informationen zu Strategie, Unternehmenskultur und zeigen dadurch auf, welches Verhalten von ihnen erwartet wird.
-Veränderungsfunktion: Veränderte Anforderungen im Rahmen einer anstehenden Umformung der Organisationsstruktur oder einer Neuausrichtung des Unternehmens werden durch gezielte Anreizsysteme an die Mitarbeiter weitergeleitet. (2)

Elemente einer Vergütungsstruktur

Ein attraktives Vergütungssystem besteht aus fixen und variablen Bestandteilen, die optimal aufeinander abgestimmt werden sollten. Innovative Vergütungsmodelle ermöglichen es Unternehmen, sich von Konkurrenzunternehmen positiv abzuheben und hierdurch zu einer verbesserten Mitarbeiterbindung beizutragen.

Fixe Vergütungskomponenten

Der Anteil des fixen Gehaltsanteils an der Gesamtbarvergütung wird zunehmend durch leistungs- sowie erfolgsorientierte Komponenten ersetzt. Dies wird in zunehmenden Maße auch in Tarifverträgen umgesetzt. Im Rahmen so genannter Öffnungsklauseln sind inzwischen variable Elemente in die Ausgestaltung der Vergütungssysteme eingeführt worden. (1)

Variable Vergütungskomponenten

Die Ausgestaltung bzw. der relative Anteil der

variablen Vergütungskomponenten ist abhängig von der Höhe des gesamten Unternehmenserfolges. Außerdem ist die Höhe der variablen Vergütung wiederum abhängig von der Einzelleistung des Mitarbeiters an dem Unternehmenserfolg. Messinstrumente unterstützen zusätzlich die Einschätzung der Leistungsergebnisse von einzelnen Mitarbeitern. Unternehmen nutzen häufig so genannte Zielvereinbarungssysteme als Messinstrument. Je nach Ausgestaltung solcher individuellen Zielsetzungen können Mitarbeiter ihren Beitrag am Unternehmenserfolg transparent machen. (1)

Aspekte des Cafeteria-Systems

Zusatz- und Sozialleistungen so genannte Nebenleistungen werden von Mitarbeitern häufig als Vergütungsbestandteil wahrgenommen. Traditionellerweise werden unter Nebenleistungen Jubiläumsgelder, Heirats- oder Geburtsbeihilfen subsumiert. Allerdings sind die genannten Beispiele nicht für jeden Miterbeiter im gleichen Maße attraktiv. Daher kann über eine sinnvolle Ausgestaltung (oder durch die freie Wählbarkeit dieser Nebenleistungen) auch die motivatorische Wirkung auf die Leistungsbereitschaft der

Mitarbeiter gesteuert werden.

Eine effiziente Ausgestaltung der variablen Anteile dieser unbaren Leistungen sollte sich daher an den individuellen Bedürfnissen der Mitarbeiter orientieren. Ein solches Auswahlmodell ist auch als Cafeteria-System bekannt. Mitarbeiter können, entsprechend der Höhe ihres variablen Vergütungsbudgets, aus einer vom Unternehmen vorgegebenen Auswahl an Leistungen eigene Leistungskomponenten zusammenstellen. Die individuelle Zusammenstellung der Leistungspakete ist in der Regel abhängig von der individuellen Situation bzw. den individuellen Bedürfnissen jedes Mitarbeiters. So ist für manchen Mitarbeiter beispielsweise die Kinderbetreuung in bestimmten Lebensphasen bedeutend, währen für andere Mitarbeiter gewisse Versicherungen oder Angebote zur Altersversorgung attraktiv sind.

Im Rahmen von Cafeteria Systemen werden verschiedene Leistungskataloge zusammengestellt. Interne Verrechnungspreise werden für die einzelnen Elemente hinterlegt. Diese Verrechnungspreise beeinflussen die Höhe des Grundgehalts. Hierdurch wird nachvollziehbar, dass Cafeteria Systeme auch die Motivation der Mitarbeiter und damit die Unternehmenskultur positiv beeinflussen können.

Unternehmen wählen in der Praxis häufig folgende Variante des Cafeteria-Systems: So können Mitarbeiter die Inanspruchnahme bestimmter Leistungen selbst entscheiden. Eine weitere Möglichkeit besteht in einer so genannten pauschalen Vergünstigung. Hierzu gehören zum Beispiel Dienstwagen, Subventionen für Kantinen oder Rabatte für bestimmte Leistungen. Diese Angebote werden zunehmend durch unternehmensbezogene Anreizelemente ersetzt, die eine höhere Motivationswirkung bei Mitarbeitern erzielen können. (1), (5), (8), (9), (10), (12), (13)

Schwierigkeiten bei der Einführung von Cafeteria-Systemen

Bei der Umsetzung von Cafeteria-Systemen unterschätzen Unternehmen häufig mögliche Folgekosten. So wird zunächst eine hohe Auswahl an Nebenleistungen im Rahmen des Systems angeboten. Anschließend zeigt sich, dass die Kosten den gesetzten Rahmen übersteigen. Daher ist es notwendig, das Modell nicht zu überlasten und eine geringe, aber dafür attraktivere Anzahl an Leistungen auszuwählen und anzubieten. Der Fokus kann dabei auf Angeboten wie zum Beispiel Dienstwagen, Fahrtkostenzuschuss oder auch Job-Tickets liegen.

Es ist außerdem wichtig, bei der Auswahl der Angebote zwischen obligatorischen und fakultativen Bestandteilen zu trennen. Obligatorische Bestandteile sind Kernleistungen, die nicht frei wählbar sind. Hierzu gehören beispielsweise bezahlter Sonderurlaub, Berufsunfähigkeitsrente oder die Betriebliche Altersversorgung. Die fakultativen Leistungsbestandteile sind demgegenüber frei zusammenstellbar. Hierzu gehören zum Beispiel vermögenswirksame Leistungen, Firmenwagen oder Baudarlehen. Das Unternehmen kann über eine Auswahl von attraktiven und begrenzten Nebenleistungspaketen den Administrationsaufwand verringern und durch die erhöhte Wahlmöglichkeit für den Arbeitnehmer trotzdem das Attraktivitätsniveau erhöhen. So können der hohe administrative Aufwand sowie Schwierigkeiten bei der Verrechnung unterschiedlicher Leistungen insgesamt reduziert werden.

Neben dem administrativen Aufwand ist es zudem problematisch, dass viele dieser Leistungen langfristig angelegt sind. Bei der Gewährung solcher Leistungen ist die Bewilligung, Wahl und Abwicklung zum Teil für einen längeren Zeitraum definiert. So wird beispielsweise ein Dienstwagen meist über eine

Laufzeit von drei Jahren genehmigt. Häufig werden die Kosten solcher Leistungen außerdem durch einen externen Administrationsaufwand erhöht. (8), (10), (1), (12), (13)

Fallbeispiele

Die GEW RheinEnergie AG bietet seinen Mitarbeitern im Rahmen eines im Jahre 2002 eingeführten Cafeteria-Systems an, ein vom Unternehmen definiertes Budgets für eine betriebliche Altersvorsorge zu verwenden. Bisher nutzen jedoch nur ein Drittel der Belegschaft diese Möglichkeit. (6)

Das Gehaltssystem der Zollner AG hat im Unternehmenswettbewerb Top Job vom Institut für Mittelstandsökonomie einen Preis für ein besonders innovatives und einfallsreiches Vergütungssytem gewonnen. Die Zollner AG verzahnt dabei das variable Gehaltssystem eng mit einem flexiblen Arbeitszeitmodell. Auf diese Weise können Mitarbeiter ihre angesparten Überstunden individuell in Bildungsurlaub, Weltreise etc. umwandeln. Darüber hinaus bildet die Zollner AG den eigenen Nachwuchs aus. Die Quote beträgt acht Prozent.

Besondere Leistungen der auszubildenden Mitarbeiter werden zusätzlich mit einer Auszeichnung firmenintern prämiert. Die Leistung wird ferner durch die Auswahl eines Angebots aus dem Cafeteria-System belohnt. Hierzu können die prämierten Mitarbeiter beispielsweise aus Angeboten wie Weiterbildung, Sonderurlaub oder Fahrtgeld eine individuelle Leistung auswählen. (7)

Weiterführende Literatur

(1) Total Compensation Auf die Mischung kommt es aus Arbeit und Arbeitsrecht, Heft 10/2005, S. 588-593

(2) Anreize im Wandel
aus Personal Nr. 12 vom 01.12.2006 Seite 006

(3) Intelligentes Personalmanagement
aus Personal Nr. 07/08 vom 01.07.2006 Seite 054

(4) PERSONAL Kurzinterview
aus Personal Nr. 12 vom 01.12.2005 Seite 025

(5) Vergütung mit Zukunft
aus Personal Nr.05 vom 01.05.2005 Seite 026

(6) Zu wenig Vorsorge
aus Personal Nr.04 vom 01.04.2005 Seite 012

(7) Im Schnitt 3 Prozent Gehaltssteigerung "Immer kreativer, variabler, erfolgsabhängiger"

aus Markt und Technik, Heft 11/2005, S. 54

(8) Prämierung à la Carte: Bei der Deutschen Leasing können die Mitarbeiter ihre Prämien individuell gestalten Ein Cafétéria-System sorgt für neue Ideen
aus Die SparkassenZeitung, 06.08.2004, Nr. 32, S. 16

(9) Das Unternehmen zahlt für Essen, Haus und Sport
aus Frankfurter Allgemeine Zeitung, 30.04.2004, Nr. 101, S. 75

(10) Zusammenführung von Vergütungssystemen
aus Arbeit und Arbeitsrecht, Heft 7/2001, S. 303-307

(11) Schon gewusst?
aus FTD Financial Times Deutschland vom 22.06.2001, Seite 2

(12) Stichwort: Cafeteria-System
aus Handelsblatt Nr. 129 vom 07.07.00 Seite k02

(13) Innovative Vergütung: Wie Unternehmen eine Vergütungsstrategie entwickeln
aus Betrieb und Wirtschaft, Heft 1/2002, S. 36-38

Impressum

Cafeteria-Systeme - zielgerichtete Individualisierung von Entgeltsystemen

Bibliografische Information der deutschen Nationalbibliothek

Die Deutsche Nationalbibliothek verzeichnet diese Publikation in der deutschen Nationalbibliografie; detaillierte bibliografische Daten sind im Internet über http://dnb.d-nb.de abrufbar.

ISBN: 978-3-7379-0195-6

© 2015 GBI-Genios Deutsche Wirtschaftsdatenbank GmbH, Freischützstraße 96, 81927 München, www.genios.de

Alle Rechte vorbehalten. Dieses Werk ist einschließlich aller seiner Teile – z.B. Texte, Tabellen und Grafiken - urheberrechtlich geschützt. Jede Verwertung außerhalb der Grenzen des Urheberrechtsgesetzes bedarf der vorherigen Zustimmung des Verlags. Dies gilt insbesondere auch für auszugsweise Nachdrucke, fotomechanische

Vervielfältigungen (Fotokopie/Mikroskopie), Übersetzungen, Auswertungen durch Datenbanken oder ähnliche Einrichtungen und die Einspeicherung und Verarbeitung in elektronischen Systemen.